MAYASAURIA

por Janet Riehecky
ilustraciones de Diana Magnuson

THE
CHILD'S
WORLD

MANKATO, MN

*Con el más sincero agradecimiento a Bret S. Beall,
Coordinador de los Servicios de Conservación para
el Departamento de Geología, Museo de Historia
Natural, Chicago, Illinois, quien revisó este libro
para garantizar su exactitud.*

Library of Congress Cataloging-In-Publication Data
Riehecky, Janet, 1953-
[Maiasaura. Spanish]
Mayasauria / por Janet Riehecky; ilustraciones de Diana Magnuson.
p. cm.
ISBN 1-56766-147-5
1. Maiasaura--Juvenile literature.
[1. Maiasaura. 2. Dinosaurs. 3. Spanish language materials.]
I. Magnuson, Diana, ill. II. Title.
QE862.O65R53418   1994
567.9'7-dc20   93-49059

MAYASAURIA

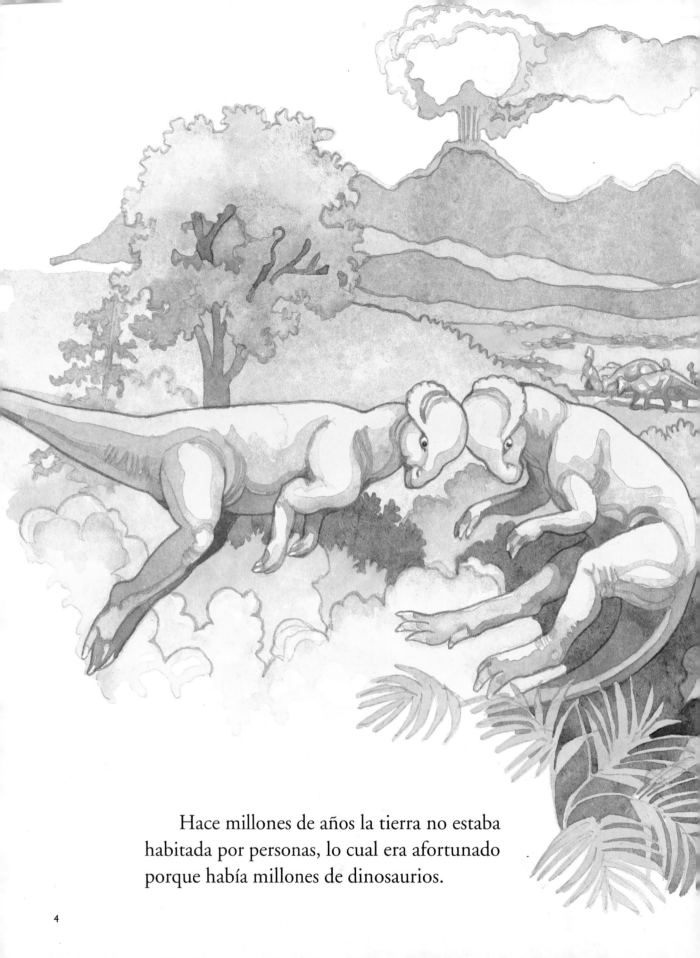

Hace millones de años la tierra no estaba habitada por personas, lo cual era afortunado porque había millones de dinosaurios.

La vida que llevaban los dinosaurios no era muy fácil. Les costaba mucho trabajo mantenerse vivos en aquella época.

Los dinosaurios tenían que esforzarse mucho para conseguir comida. Algunos tenían que perseguir y atrapar a su presa.

Otros tenían que robar a hurtadillas su alimento
¡sin ser descubiertos en el acto!

Los dinosaurios también tenían que arriesgarse
mucho para defenderse, y para ello se agrupaban en
una manada…

o aprovechaban un arma para rechazar a un atacante.

Algunos tipos de dinosaurios incluso tenían que esforzarse para cuidar a sus crías, las cuales tenían así mejores oportunidades de sobrevivir debido a las buenas atenciones de sus mamás. Uno de estos dinosaurios era la mayasauria, cuyo nombre quiere decir "buena mamá lagarto".

Los científicos han aprendido que las mayasaurias construían nidos con mucho cuidado, vigilaban los huevos y cuidaban a las crías hasta que éstas crecían lo suficiente como para cuidarse a sí mismas.

La mayasauria era un dinosaurio ornitorrinco, un nombre que se da a distintos tipos de dinosaurios que tenían la boca en forma de pico de pato. La mayasauria no tenía dientes en el frente de su boca larga y plana, pero en los carrillos contaba con cientos de dientes.

Muchos dinosaurios ornitorrincos tenían una cresta elegante sobre la cabeza, pero la mayasauria tenía una cabeza plana, con una púa de hueso corta sobre sus ojos. Algunos científicos piensan que la mayasauria probablemente tenía un colgajo de piel parecido a la cresta de un gallo, unido a la púa de hueso. Los mayasaurios machos probablemente utilizaban ese colgajo para llamar la atención de las mayasaurias hembras.

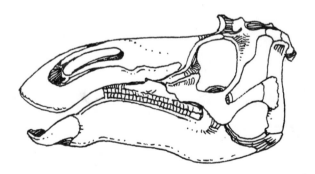

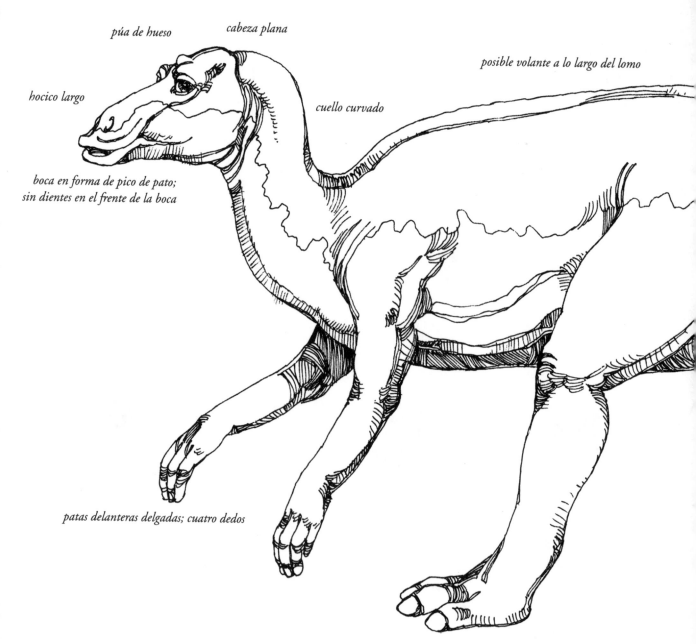

púa de hueso   cabeza plana

posible volante a lo largo del lomo

hocico largo   cuello curvado

boca en forma de pico de pato;
sin dientes en el frente de la boca

patas delanteras delgadas; cuatro dedos

Una mayasauria adulta tenía aproximadamente el tamaño
de una caravana de camping. Aunque su cuerpo puede parecer
grande, ése era un tamaño mediano en comparación con los
demás dinosaurios. La mayoría de los mayasaurios adultos
llegaban a medir unos ocho metros de largo, pero algunos
pocos medían casi diez metros. Por lo general se elevaban unos
cinco metros de alto y pesaban dos o tres toneladas.

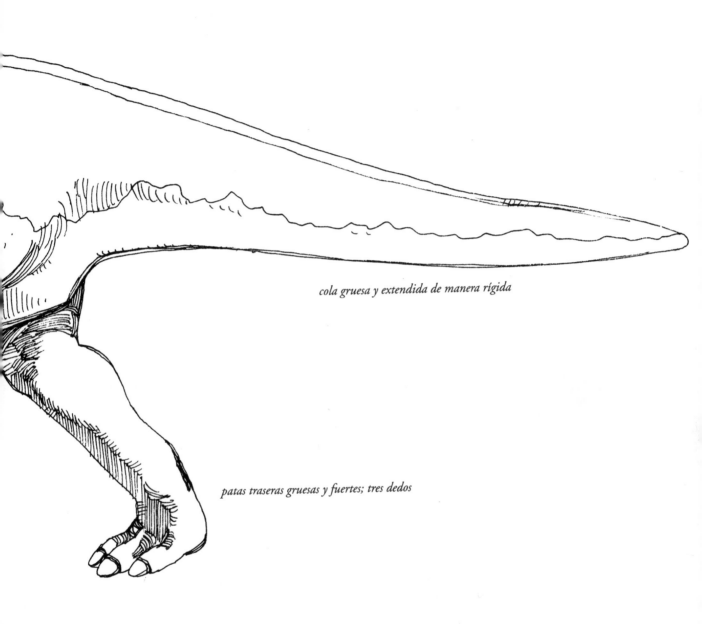

cola gruesa y extendida de manera rígida

patas traseras gruesas y fuertes; tres dedos

Las mayasaurias caminaban sobre sus dos patas traseras. Esas patas eran gruesas y fuertes y por eso las mayasaurias podían correr en caso necesario. Y si veían a un tiranosaurio, entonces ¡sí que necesitaban correr! Sus patas delanteras eran más pequeñas y delgadas que las traseras y tenían cuatro "dedos".

El cuello de la mayasauria era curvado como el de un ganso o un pollo. Cuando caminaba por el campo, su cabeza probablemente se balanceaba de adelante hacía atrás, como si fuera un pájaro gigantesco.

Sería de esperar que un ser que caminaba igual que un pájaro y que tenía la boca como el pico un pato, daría graznidos como un pato o bocinazos como un ganso, y es posible que así fuera. Los científicos no saben qué sonidos hacía la mayasauria, o si era capaz de hacer algún sonido.

Pero los científicos han descubierto que la mayasauria tenía un espacio hueco en su mandíbula superior. El aire podría haber sido forzado a través de dicho espacio, como si fuera una flauta. Por eso es posible que la mayasauria hubiera llenado su mundo con algún sonido. Pero no sabemos si era un bocinazo, un zumbido, un graznido u otro sonido.

La mayasauria era un dinosaurio herbívoro. Comía pinochas, ramitas, semillas y bayas. Como te puedes imaginar, los dientes se desgastaban al masticar estos alimentos duros y leñosos. Pero la mayasauria no tenía necesidad de visitar al dentista porque tenía los dientes amontonados en filas, unos encima de otros, dentro de las mandíbulas. Cuando un diente se desgastaba, se caía y era reemplazado por otro de los dientes que tenía debajo.

Las crías de mayasauria nacían saliendo del
cascarón del huevo. Las mamás ponían los huevos en
unos nidos en forma de cuenco. Como te puedes
imaginar, estos seres tan grandes necesitaban unos
nidos enormes. Tu mamá probablemente se podría
acostar en uno de esos nidos y todavía le sobraría
espacio.

Las "buenas mamás lagarto" construían sus nidos
con mucho cuidado. Los científicos piensan que
utilizaban sus patas traseras fuertes para hacer un
montón enorme de tierra sobre un terreno plano, y
luego usaban sus brazos para hacer un agujero de un
metro ochenta centímetros de diámetro, en forma de
cuenco, en el centro del montón de tierra.

Muchas mayasaurias hacían sus nidos en la misma zona. Los nidos estaban separados unos de otros por una distancia de unos siete metros. Esta distancia era aproximadamente el mismo tamaño que tenía una mayasauria adulta. Esto significaba que las mamás podían caminar entre los nidos sin pisarlos para visitarse unas a otras.

Una mayasauria ponía los huevos en un círculo.
Ponía una o dos docenas de huevos en dos capas. Los
huevos tenían una forma ovalada, medían unos veinte
centímetros de largo, y tenían una superficie áspera y
estriada. La mamá probablemente traía al nido plantas
para cubrir los huevos y mantenerlos calientes, pues si
se hubiera sentado sobre los mismos, ¡los habría
aplastado!

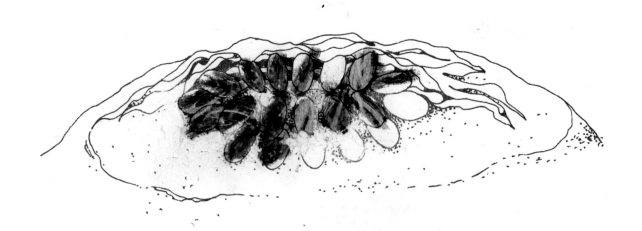

Las crías de mayasauria medían al nacer unos treinta
y cinco centímetros de largo, es decir, aproximadamente
el mismo tamaño de uno de los pies de su mamá. Cada
cría pesaba solamente un kilo y medio o dos kilos. Es
probable que la mamá condujera a sus crías hacia un
arroyo cercano para conseguir comida. Sin embargo,
parece más probable que la mamá trajera comida a sus
crías mientras que éstas se quedaban en el nido, al igual
que lo hace una mamá pájaro en la actualidad.

Las crías vivían en el nido hasta que medían al
menos un metro de largo, lo cual ocurría al cabo de
varios meses. Durante todo ese tiempo su mamá, o
cualquier otro adulto, las cuidaba. El adulto no
solamente les traía comida a las crías, sino que
también las protegía contra los dinosaurios carnívoros
que buscaban un aperitivo de mayasauria.

Con el transcurso del tiempo, las crías crecían lo suficiente como para unirse a la manada, pero todavía se les protegía de una manera especial. Los dinosaurios pequeños probablemente se agrupaban cerca del centro de la manada, con los dinosaurios más grandes formando una muralla protectora a su alrededor.

Manadas enormes de mayasaurios, en ocasiones ¡hasta diez mil en una sola manada!, vagaban por las llanuras costeras altas. Se comían todas las plantas de un lugar y luego se trasladaban a otro sitio. Los científicos piensan que quizás seguían una ruta regular, y que siempre regresaban al mismo terreno de nidos cuando les llegaba el momento de poner los huevos.

Los científicos han aprendido mucho sobre la mayasauria, gracias a un descubrimiento extraordinario realizado por un hombre llamado John R. Horner en Montana, en 1978. El señor Horner y su cuadrilla encontraron muchos nidos de dinosaurio que contenían

esqueletos de crías. Se descubrieron cerca
huesos de dinosaurios adultos. El señor
Horner también encontró un campo extenso
que contenía los huesos de una manada de
diez mil mayasaurios.

El señor Horner aprendió muchas cosas sobre la mayasauria después de estudiar sus huesos y nidos. Llegó a la conclusión de que las crías se quedaban en el nido después de salir del cascarón, puesto que encontró esqueletos de crías de diferentes edades en distintos nidos. Los cascarones rotos de los huevos estaban todos aplastados en el fondo de los nidos, como si se los hubiera pisado muchas veces.

El señor Horner también supuso que las crías habían estado comiendo mientras estaban en el nido, puesto que descubrió que sus dientes ya empezaban a desgastarse. El señor Horner y su equipo pasaron muchos años tratando de descubrir los secretos de la mayasauria, pero todavía quedan por aprender muchas cosas enigmáticas sobre este dinosaurio.

El señor Horner y otros científicos continuarán estudiando los restos de dinosaurios que se descubran, para aprender más sobre los mismos. El descubrimiento de huesos, huellas y nidos de dinosaurio puede ayudarnos a aprender mucho sobre estos seres maravillosos.

 ¡A divertirse con los dinosaurios!

¿Verdad que resultaría emocionante descubrir un nido fosilizado de mayasauria? ¡Imagínate cómo sería de grande! Pero puedes hacer algo más que imaginarlo. ¡Tú mismo puedes averiguarlo! Para ello vas a necesitar 12 ó 15 trozos de papel, de veinte centímetros por quince centímetros por lo menos.

1. Haz el dibujo de un huevo de mayasauria. Debería ser un óvalo de unos veinte centímetros de largo.

2. Calca el dibujo y corta 12 ó 15 huevos.

3. Coloca los huevos en círculo. ¿Qué tamaño tiene el grupo de huevos? ¿Cómo sería de grande el nido para contener todos esos huevos? ¿De qué tamaño es ese nido en comparación con los nidos de pájaros que has visto?